DE LA

PATIENCE EN POLITIQUE.

Paris. — Impr. Lacrampe fils et Ce, 2, rue Damiette.

DE LA

PATIENCE EN POLITIQUE

PAR

M. LEGUEN

CAPITAINE D'ARTILLERIE.

PRIX : 75 CENTIMES.

PARIS

PAULIN, ÉDITEUR, RUE RICHELIEU, 60.

PAGNERRE, LIBRAIRE, RUE DE SEINE-SAINT-GERMAIN, 14 BIS.

DENTU, LIBRAIRE, GALERIE D'ORLÉANS, 13.

1848

DE LA

PATIENCE EN POLITIQUE.

> Si j'étais législateur, je ne perdrais pas mon temps à dire ce qu'il faut faire, je le ferais ou je me tairais.
>
> J. J. Rousseau.

I.

BUT QUE L'ON SE PROPOSE DANS CET OPUSCULE.

Depuis 1789, plusieurs formes de gouvernement, méditées par des politiques habiles, ont été essayées en France et détruites.

Dans ces derniers temps, des hommes de talent ont exposé divers plans de régénération sociale où l'on cherchait à résoudre le grand problème de la meilleure organisation à donner à l'humanité; il manque à ces plans la sanction de la pratique. Après tant de vicissitudes et tant de théories, le parti le plus simple et le meilleur est de prendre la société telle qu'elle est, et de chercher à faire naître de l'esprit même de ses institutions actuelles tous les perfectionnements dont elles contiennent le germe.

Il est juste et utile d'opérer des réformes quand elles sont amenées par la maturité des opinions; mais, en politique principalement, tout changement doit se faire avec une lenteur réfléchie, et lorsque la raison ou l'expérience a démontré l'insuffisance ou l'abus de ce qu'on modifie.

Le spectacle de l'inquiétude à laquelle la France est en proie, les regrets de ceux qui regardaient 1830 comme une ère nouvelle où les abus allaient cesser, les accusations amères contre une corruption descendant des sommités de l'État jusque dans les rangs inférieurs, la division profonde des esprits, et ce dégoût qui, recommençant à saisir un grand nombre de citoyens, jette dans leurs cœurs le désir d'un changement radical et les fait aspirer à un régime qui réunisse la grandeur à la morale, voilà les causes qui m'ont mis la plume à la main.

À ceux qui se laissent aller au découragement à la vue de tout ce qui se passe, je dirai : « Ces maux « dont vous vous plaignez, cette immoralité crois- « sante dont le signal part de si haut, ces trafics « odieux, ces crimes échappant à la justice; tout « cela n'est pas inhérent à la forme de notre gou- « vernement. »

Pourquoi reprocher aux institutions les vices des hommes?

Ne peut-on faire disparaître le mal que par un renversement complet? Toute blessure n'exige pas l'amputation. Si des espérances légitimes, si des promesses solennelles ne sont pas réalisées, attendez encore, ne désespérez pas. Ne coupez pas à la racine l'arbre qui aurait pu vous donner des fruits quelques années plus tard. A l'arbre de la liberté il faut longtemps pour croître, tant d'insectes parasites en absorbent la séve et l'épuisent! tant de mains inhabiles en tordent les branches! Il faut écarter les insectes et mieux diriger les rameaux.

Insinué-je par là que le régime constitutionnel soit l'apogée de la politique? qu'il n'y ait plus rien à découvrir au delà? que ce soit le meilleur des gouvernements possibles? et qu'on ne puisse sans témérité espérer rien de plus parfait? En aucune façon.

Tout, dans ce monde, se transforme et se perfectionne peu à peu. Les sciences, après avoir pendant bien des siècles erré de système en système, sans autre guide que l'imagination des philosophes qui prétendaient deviner la nature sans la découvrir, ont fait de nos jours d'immenses progrès, grâce au procédé nouveau employé par les modernes, l'expérience et l'observation.

C'est après avoir constaté la certitude d'un fait nouveau, en multipliant les calculs et les expériences, que, procédant du connu à l'inconnu, l'on s'avance à la découverte d'un autre fait.

On serait tenté de croire, en voyant la confusion qui règne dans les esprits, que la politique n'est pas encore à l'état de science. Ce ne sont pourtant pas les expériences qui lui ont manqué; il y en a de tous les temps et de tous les pays. Le vaste champ de l'histoire est ouvert devant nous; on y trouve des exemples de tout genre transmis par les historiens, commentés par les philosophes, et pouvant servir de flambeaux aux hommes d'Etat.

Mais les préceptes de l'histoire sont dédaignés par quelques penseurs, persuadés qu'ils sont que la raison seule, sans aucun secours étranger, est capable d'enfanter un système parfait de politique.

La raison humaine n'est malheureusement pas assez haute pour embrasser d'un coup d'œil les principes et toutes leurs conséquences. A Dieu seul appartient de voir à la fois l'enchaînement des causes et des effets : lui seul pouvait, sans l'aide de l'expérience, découvrir aux hommes les lois sous lesquelles il leur convenait de vivre; mais nous, tâtonnant dans un doute éternel, nous devons, pour éclairer notre marche, emprunter tous les secours, et nous servir à la fois de l'expérience et de la raison.

Je rends hommage aux nobles travaux de ceux qui, animés d'un zèle philanthropique, ont consacré leurs veilles à la recherche du nouveau code qui devait renfermer la loi de l'humanité; j'admire leurs théories brillantes et leurs savantes utopies; mais, je le dis avec regret, ils se sont trompés de route.

Il est temps enfin que la politique marche sur les traces des autres sciences, qu'elle ne procède plus par bouleversement et par système, mais qu'elle s'avance dans la voie logique et féconde de l'expérience ; que, guidée par la raison, chacun de ses pas soit lent, mais assuré ; qu'après avoir vu tant de généreux efforts, tant de sang répandu pour sa cause, elle ne soit plus exposée à rétrograder de plus d'un demi-siècle.

Lorsque des désordres affligent la société, au lieu de vouloir tout bouleverser pour la détruire, le plus sage est de s'appliquer à en découvrir la cause, et d'introduire ensuite dans les lois les modifications reconnues nécessaires pour la faire disparaître. Notre constitution renferme en soi les moyens de se transformer elle-même. Par une application continuelle de cette faculté, elle parviendra à corriger peu à peu les erreurs qu'une trop grande précipitation aurait introduites dans son mécanisme, et qui seraient signalées par le temps et la raison.

Il y a cependant un grave inconvénient à toucher souvent aux lois fondamentales, c'est celui de les énerver. Dans le rapport que M. Dupin fit, le 7 août 1830, à la chambre des députés, sur les corrections à apporter dans la Charte, il dit que la rapidité avec laquelle elles avaient été faites ne devait pas surprendre, parce qu'une épreuve de quinze ans avait fixé les esprits à cet égard. Un seul jour suffit à cette époque pour rédiger la nouvelle Charte. Cet exemple autorise à présumer qu'un intervalle de quinze années fournirait à l'expérience des limites assez étendues, et qu'on pourrait choisir la fin de cette période pour le renouvellement d'un semblable travail.

De cette manière, la constitution se maintiendrait toujours au niveau de la science et des connaissances humaines qui s'avancent sans cesse. Elle serait bientôt débordée si elle restait stationnaire.

Pour produire les résultats désirables, la question à résoudre est donc celle-ci : « Permettre au jeu de nos institutions de se développer librement, les débarrasser des entraves qui pourraient en gêner les ressorts. »

Tel est le but de cet écrit.

II.

CONSIDÉRATIONS SUR LES PRINCIPAUX CHANGEMENTS APPORTÉS EN 1830 DANS NOS INSTITUTIONS FONDAMENTALES.

Il n'est pas inutile de jeter un coup d'œil en arrière et de remonter à juillet 1830.

Sur quelles raisons s'est appuyée notre dernière

révolution, et quels principes nouveaux cette révolution a posés dans notre Charte fondamentale : voilà le sujet que l'on va examiner.

Le préambule de la Charte de 1814 se terminait par ces paroles : « Nous avons volontairement, et par le libre exercice de notre volonté royale, accordé et accordons, fait concession et octroi à nos sujets, tant pour nous que pour nos successeurs, et à toujours, de la Charte constitutionnelle. » Proposée au nom de Louis XVIII, elle fut acceptée sans restriction, en séance solennelle, par les assemblées législatives. Ce prince, à qui les longues années de l'exil avaient dû inspirer de graves méditations, voulut donc que le monument de nos libertés fût ou parût être un don gratuit de la munificence royale.

L'article 13 de la Charte déclarait la personne royale inviolable et sacrée ; il rendait les ministres responsables.

L'article 14, dont on a beaucoup parlé, était ainsi conçu : « Le roi est le chef suprême de l'État, commande les forces de terre et de mer, déclare la guerre, fait les traités de paix, d'alliance et de commerce, nomme à tous les emplois d'administration publique, et fait les règlements et ordonnances nécessaires pour l'exécution des lois et la sûreté de l'État. » Quelle que fût la pensée qui dicta les dernières paroles de cet article, les ministres, en 1830, crurent y reconnaître le droit réservé par le donateur d'altérer, dans l'intérêt de l'État, le texte même de la Charte.

La Charte de 1814 fut accueillie avec enthousiasme par l'immense majorité des Français ; elle fut regardée comme le dépôt sacré des libertés publiques, comme le palladium des droits des citoyens, et le cri de *vive la Charte!* devint l'expression des idées libérales. C'est à ce cri que s'accomplit plus tard la révolution de 1830.

Ce n'est pas ici le lieu de rechercher quelles causes allumèrent l'antagonisme entre les divers pouvoirs de l'État et par quelle fatalité la monarchie fut entraînée à signer les imprudentes ordonnances du 25 juillet. La monarchie, appuyée sur le préambule de la Charte et sur la réserve déposée dans l'article 14, regarda le bon droit comme étant de son côté ; le peu de précautions dont elle s'entoura en est une preuve.

Mais la France, sans s'arrêter aux paroles dédaigneuses du préambule ni à l'article 14, avait vu dans la Charte, non pas un acte de la munificence royale, mais un contrat synallagmatique, un pacte entre elle et la royauté. Y toucher, c'était toucher à l'arche sainte, rompre tous les liens entre le roi et la nation.

Aussi les ordonnances furent-elles le signal du combat, combat de trois jours qui brisa une couronne : car, passant par-dessus l'article 13, par-dessus les noms des ministres contre-signataires des ordonnances, les vainqueurs allèrent jusqu'au roi et le renversèrent lui et sa dynastie.

Sur les débris de la charte et du trône, il n'y avait plus debout que la souveraineté nationale. La plus grande partie des députés des départements alors présents à Paris crurent, dans l'intérêt de l'ordre, devoir se constituer les représentants de cette souveraineté. Ils se réunirent à cet effet, et pour sortir le plus tôt possible d'une situation précaire et provisoire, on fit à la hâte une nouvelle rédaction de la Charte, en la réformant dans le sens des idées qui avaient amené la révolution; puis la couronne de France fut offerte au duc d'Orléans, par le vote de 219 députés, sous la condition de prêter serment à la nouvelle charte.

Il n'y a donc plus d'équivoque sur la nature du pacte fondamental : c'est le code politique des Français, réglant les conditions et la forme de leur société, créé au nom de la nation et imposé au monarque comme au premier fonctionnaire de l'État.

Un grand nombre de dispositions plus libérales furent introduites dans la nouvelle charte. Ainsi le préambule fut supprimé, les termes ambigus de l'article 14 effacés, et à leur place on inséra une décision positive d'après laquelle le roi ne peut plus ni suspendre les lois ni dispenser de leur exécution.

La proposition des lois, qui auparavant n'appartenait qu'au roi, appartient également aujourd'hui à la chambre des pairs et à la chambre des députés. Grâce à cette initiative, toute mesure jugée utile peut trouver accès à la tribune et se produire au jour de la discussion.

L'âge, pour être député, réduit de quarante à trente ans et le cens de 1,000 à 500 francs, ont plus que doublé le nombre des éligibles et ouvrent un champ beaucoup plus vaste au choix des électeurs. Le nombre des citoyens ayant droit de donner leurs suffrages se trouve aussi considérablement augmenté par l'abaissement du cens électoral de 300 à 200 francs et de l'âge de trente à vingt-cinq ans.

Les juridictions prévôtales pouvaient être rétablies si elles étaient jugées nécessaires; elles ne le peuvent plus aujourd'hui. L'article 54 est ainsi conçu : « Il ne pourra être créé de commissions ou de tribunaux extraordinaires à quelque titre et sous quelque dénomination que ce puisse être. »

Les séances de la chambre des pairs, n'étant plus secrètes, subissent comme celles de l'autre chambre le contrôle de l'opinion.

Ces changements se firent sous l'influence des journées de juillet. On était déjà loin de ces journées quand on discuta l'une des modifications les plus profondes, celle qui touche à la composition même de la puissance législative; je veux parler de la nomination des pairs de France. La loi qui fixa le mode de leur nomination ne fut promulguée que le 29 décembre 1831.

D'après cette loi, leur dignité leur est conférée à vie par le roi; elle n'est plus transmissible par voie d'hérédité. Enfin le nombre des pairs est illimité.

Chose singulière! Voilà une révolution qui triomphe au nom de la liberté, et l'un de ses résultats est d'en diminuer les garanties. En effet, les trois pouvoirs de l'État sont les mêmes quant à la forme : c'est le roi, la chambre des pairs et la chambre des députés; mais il y a au fond une différence essentielle. L'ancienne pairie était héréditaire pour la plupart de ses membres, et leur dignité se transmettait indépendamment de la volonté royale. Quelque inconvénient que cette hérédité pût avoir d'ailleurs, elle avait certainement pour effet de conserver une plus grande indépendance aux membres de cette chambre. Lorsque les députés voulurent donner une autre organisation à la pairie, l'une des questions qu'ils avaient à résoudre était celle-ci : « Convient-il que l'un des trois pouvoirs législatifs dont se compose le gouvernement constitutionnel soit nommé par un des deux autres et n'en soit pour ainsi dire qu'une émanation? Convient-il de donner ce privilége à celui qui possède déjà la puissance exécutive? »

La solution donnée par la loi de 1831 fait de tous les pairs de France des créatures de la couronne. De sorte que l'ascendant du pouvoir royal fut augmenté par ceux-là mêmes qui venaient de détruire un trône pour abus de pouvoir.

Il serait utile de chercher une combinaison plus heureuse afin d'affranchir les membres de la pairie de l'influence que pourraient avoir sur eux le souvenir d'une faveur obtenue et encore plus le désir de l'obtenir pour leurs fils. On y gagnerait principalement d'amoindrir l'action du gouvernement sur tous ceux qui aspirent à cette dignité. Quand pour avoir l'honneur de siéger dans cette assemblée, l'agrément des ministres ne sera plus nécessaire, l'indépendance de chacun deviendra plus grande, l'esprit courtisan s'amortira, et peut-être le bon effet en sera-t-il ressenti jusque dans l'autre chambre. Il importe de restreindre autant que possible le champ de la faveur.

Dans l'état actuel des choses, le nombre illimité des personnes auxquelles la volonté royale peut étendre le droit législatif met à la discrétion des ministres la pluralité des suffrages. Ils peuvent, par une promotion excessive, altérer d'un jour à l'autre l'expression de l'opinion, et ce qui était hier la majorité ne le sera plus aujourd'hui. Cet abus n'est pas sans exemple.

De cette manière, lors même que l'empire des sentiments personnels deviendrait insuffisant, le ministère aurait toujours entre les mains un moyen assuré de rétablir sa prépondérance.

La nécessité d'une voie ouverte pour vaincre une opposition systématique et capable de paralyser la marche des affaires est incontestable; mais abandonner cette faculté tout entière à l'arbitrage ministériel est un défaut aussi grand que celui qu'on veut éviter.

Ainsi, à part une exception importante il est vrai, la charte de 1830 est beaucoup plus libérale que la précédente ; et les principes nouveaux sur lesquels elle repose sont : la souveraineté de la nation, et la défense au gouvernement de jamais suspendre les lois, ni de dispenser de leur exécution.

III.

MOYENS DE PARVENIR A RÉALISER DANS LA PRATIQUE LE GOUVERNEMENT CONSTITUTIONNEL.

La loi déclarée obligatoire pour tous, il reste à faire qu'elle soit véritable, c'est-à-dire qu'elle soit un acte de la volonté nationale.

D'après le principe qui domine toute la constitution, la chambre des députés, représentant plus directement le pays, doit avoir la principale part à la puissance législative, et les ministres suivre l'im-
ion de la majorité de cette Chambre.

La majorité parlementaire est absolue : la moitié des suffrages plus un fait autorité.

Ainsi la voix d'un seul député peut suffire pour fixer la décision de la Chambre.

Il est donc d'une extrême importance de connaître dans toute sa vérité la volonté des électeurs qui nomment les députés. Or, dans un collége électoral une seule voix peut suffire également à faire pencher la balance en faveur d'un candidat, et, par suite, la voix d'un seul électeur peut entraîner le gouvernement dans une direction ou dans une autre.

Tel est le mécanisme de notre régime constitutionnel.

On voit avec quel scrupule religieux il faut s'abstenir de tout ce qui pourrait nuire à la manifestation libre et spontanée de la volonté électorale. Plus il est facile d'en altérer l'expression, plus on doit mettre de soin à ce qu'elle éclate dans sa sincérité. Toute manœuvre contre elle attente à la liberté et frappe la constitution à sa base. Que sera-ce si de pareilles manœuvres étaient pratiquées par un gouvernement d'une origine populaire? Si toute la force à lui confiée, il l'employait à fausser les élections? Si l'argent, les emplois, les honneurs, les promesses, les menaces et tous les moyens par lesquels on peut satisfaire la cupidité, exciter l'ambition, flatter l'amour-propre, amorcer l'intérêt, intimider la faiblesse, étaient mis en œuvre pour corrompre l'opinion? Ce crime, où viendraient se confondre l'ingratitude et l'offense à la souveraineté nationale, prouverait qu'un pareil gouvernement a oublié toutes les conditions de son existence.

La représentation n'existerait pas; ce ne serait plus qu'un vain fantôme, un mensonge. Et cependant si le régime constitutionnel a quelque valeur, ce n'est certainement point par l'économie qu'il procure, puisqu'il est au contraire extrêmement coûteux; ce n'est point par la rapidité qu'il imprime à l'expédition des affaires, car il l'entraverait plutôt; c'est uniquement parce qu'il a pour guide et pour modérateur la volonté générale exprimée par les élections. Mais dès l'instant que cela n'a pas lieu et que l'intérêt public est effacé pour faire place à des intérêts particuliers, cette forme de gouvernement perd son seul avantage; elle n'a plus que ses inconvénients, et tombe fort au-dessous de la forme purement monarchique.

On tourne alors dans un cercle vicieux dont malheureusement il est difficile de sortir. En effet, la Chambre, bien que nommée par des manœuvres déloyales, n'en conserve pas moins son pouvoir; elle soutiendra le gouvernement corrupteur, elle accordera les impôts nécessaires pour continuer, pour étendre le mal; ainsi les mêmes causes reproduiront les mêmes effets.

IV.

Elles sont nombreuses et fatales les conséquences d'un système semblable ; on peut les diviser en deux classes : les unes morales, les autres matérielles.

Commençons par ces dernières :

Les sommes tirées du trésor et jetées dans des voies ténébreuses rendront les impôts plus lourds, et le pays devra payer le mal qu'on lui fait ;

Des objets d'art, dont on pourrait faire un usage noble et éclairé, ravalés au niveau d'une vile monnaie, ne rappelleront qu'une date de corruption ;

Les faveurs, qui devraient être accordées au mérite ou à l'honnêteté malheureuse, deviendront la proie de l'intrigue ;

L'avancement dans les carrières publiques sera le prix de l'effronterie et de trafics honteux ;

Les honneurs décoreront la servilité ;

Les remises d'amendes encourues pour contravention à la loi, qu'on applaudirait si elles étaient faites pour des contraventions involontaires, seront accordées à des fripons opulents ;

L'administration, détournée de ses fonctions, s'immiscera dans la politique, à laquelle elle devrait rester étrangère ;

Les entreprises d'utilité publique seront transformées en moyens de conserver le ministère, et se plieront à des exigences privées;

Les affaires des départements languiront dans les mains des préfets, occupés, avec leurs subordonnés, à intriguer, à compulser des listes, peut-être à les falsifier ;

Il n'y a pas jusqu'à la force armée établie pour réprimer les malfaiteurs qui ne sera détournée de son but, et employée à recruter des électeurs.

Les effets moraux, les voici :

Exposées à tant d'influences délétères, les vertus sociales iront s'affaiblissant.

L'amour des richesses et du luxe fomenté incessamment, l'égoïsme, l'indifférence de l'intérêt public, tous les vices qui précipitent la chute des empires, prendront une extension funeste.

Les honnêtes gens et ceux qui profitent des faveurs seront divisés par la haine et par la défiance. Avili lui-même, le gouvernement cherchera un appui dans l'avilissement général, et il encouragera par sa tolérance coupable, sinon par ses excitations, tout ce qui tend à la démoralisation publique.

Sacrifiée à la cupidité et à la soif de jouissances de quelques-uns, la masse du peuple se détachera d'un pouvoir immoral, et ce pouvoir, méprisé de tous les partis, n'aura plus pour appui que l'intérêt des privilégiés et la force des baïonnettes.

Pour éviter d'aussi grands malheurs, et détourner la monarchie de l'abîme où l'on pourrait l'entraîner, que faut-il ? Rester fidèle à l'esprit de la constitution.

V.

Et ne pas y rester fidèle, c'est montrer un aveuglement bien fatal ou une perversité bien grande. Certes, ils seraient bien aveugles, les ministres que l'orgueil misérable de conserver un portefeuille éblouirait au point de leur cacher les calamités où ils plongeraient leur patrie! ils seraient bien pervers, ceux qui chercheraient à élever leur fortune, celle de leurs proches et de leurs amis, sur les ruines de nos institutions et de la morale!

Que si l'un d'eux, pour colorer son ambition, voulait alléguer son dévouement à la chose publique, ses talents supérieurs, et donner à entendre que lui seul est capable de diriger d'une manière heureuse les affaires du pays, on pourrait lui répondre que ce langage n'est ni celui de la modestie, ni celui de la vérité.

Quoi! un pays comme la France, qui se vante à juste titre de marcher à la tête de la civilisation, n'aurait pas dans son vaste sein plusieurs hommes d'un mérite assez grand pour y tenir d'une main ferme le timon de l'État!

Napoléon n'affichait pas une opinion si avantageuse de lui-même. Des flatteurs lui disant qu'il était indispensable à la France, il leur répondit que nul homme n'est indispensable.

L'histoire est là pour prouver qu'il disait vrai, et pour démontrer en même temps que la véritable base sur laquelle repose le salut des empires n'est point le talent d'un seul, mais les vertus et le patriotisme de tous.

Plus d'une fois, par ceux qui marchaient à sa tête, la France fut conduite à deux doigts de sa perte. Dans ces périls extrêmes, où tout menaçait de s'engloutir, ce ne fut point l'habileté de ses hommes d'État qui la retira de l'abîme, mais le courage du peuple, et sans doute aussi la protection divine : Dieu ne voulant pas laisser périr la nation qui devait éclairer le monde en rallumant le flambeau de la liberté.

On pourrait multiplier les exemples ; il suffira d'en citer deux.

Dans ces temps malheureux où les factions des princes déchiraient le royaume et le livraient en proie aux étrangers, c'est par la main des premiers de l'État que la couronne de France est placée, dans Paris même, sur la tête d'un roi d'Angleterre. Les Parisiens sont entraînés dans les rangs ennemis contre les Français qui défendent encore le sol de la patrie. Que faisaient alors ceux qu'on appelait les appuis naturels de la royauté, les grands, les magistrats? Les premiers magistrats du parlement étaient occupés dans la capitale à sanctionner les droits de l'étranger, à flétrir le monarque français, à le déclarer déchu à tout jamais. Une foule des plus hauts dignitaires de l'État se pressaient à la cour du vainqueur. Ardents à profiter des dépouilles, chacun d'eux, dans son égoïsme, songeait à s'assurer une part du butin ; aucun ne pensait à la France.

Charles VII fugitif avait transporté sa cour dans une ville de province, il s'endormait au sein des plaisirs, abandonnant à l'Anglais tous les pays au nord de la Loire.

La prise imminente d'Orléans allait livrer la rive gauche de ce fleuve à l'armée d'Angleterre, et c'en était fait du drapeau sans tache et des fleurs de lis. Charles, languissant dans la mollesse, voyait ses courtisans divisés s'armer les uns contre les autres; les princes du sang et la noblesse l'abandonnaient pour se retirer dans leurs châteaux. Les plus grands étaient les moins fidèles. Le roi, pour toute défense, allait fuir encore plus loin.

Le découragement était partout.

Qui donc arrêta les progrès de l'ennemi? Est-ce l'épée des chevaliers? Est-ce le génie des hommes d'État? Non; ce n'était ni à la cour, ni dans la noblesse, ni parmi les hommes politiques que devait se trouver la défense. Mais il existait dans les rangs de la multitude un sentiment secret d'honneur national et d'indépendance qui n'attendait qu'une étincelle pour éclater ; et l'étincelle qui devait enflammer ce feu couvert, c'était encore des rangs de la multitude qu'elle devait jaillir.

Tout à coup, d'un village naguère inconnu, sort une jeune héroïne; guidée par l'amour de la patrie, elle accourt au camp des Français; sa voix, son enthousiasme, raniment tous les cœurs et semblent enfanter des prodiges. L'Anglais, jusqu'alors victorieux, est étonné de se voir vaincu ; il recule, il est chassé successivement des places qu'il avait prises. Charles, on lui rendit son trône, mais Jeanne devait jusqu'au bout se dévouer et mourir pour un ingrat. Les lueurs de son bûcher furent effacées par la splendeur des fêtes de la cour, et la fille du peuple n'eut pas même un tombeau!

Plus tard, quand notre territoire était inondé par les flots de l'Europe débordée, une faible armée française, se multipliant par son courage, mettait en échec les masses innombrables de la coalition, et menaçait de les ensevelir sous le sol envahi par elles. Mais tandis que ses soldats se battaient pour la défendre, la France était trahie dans la capitale par les premiers de l'État; des princes, des ducs, escortés d'une nuée de perfides, employaient toutes les ruses de leur esprit infernal pour paralyser la défense et livrer leur pays, pieds et poings liés, à l'étranger. Napoléon ne comprit pas alors que, pour conjurer le danger, ce n'était pas assez du génie, et que le premier rempart d'une nation est l'élan de la nation elle-même.

La France était livrée aux rois étrangers.

Qui les retint alors, si non la crainte de voir l'enthousiasme populaire, auquel Bonaparte n'avait osé se fier, renaître spontanément, malgré les soins qu'on prenait pour l'étouffer? Le souvenir de ces temps héroïques, où, se levant comme un seul homme à la vue du danger, le peuple avait balayé de son territoire des armées jusqu'alors invincibles, avait laissé une longue impression d'étonnement et d'épouvante qui retentissait encore dans le cœur des rois. Ils tremblèrent, au milieu de leur triomphe, que le volcan ne s'ébranlât de nouveau sous leurs pas, que le sol ne s'ouvrît pour les engloutir ; et bientôt leurs soldats furent entraînés par eux loin du pays de la liberté.

D'après les leçons de l'histoire, le peuple a pu compter sur les grands pour le perdre, il ne doit compter que sur lui-même pour le sauver.

Nul homme n'est donc indispensable, mais ce qui est indispensable, c'est que la nation ne se fasse jamais défaut à elle-même, c'est qu'elle soit toujours au niveau des dangers que pourrait faire surgir l'ambition, l'impéritie ou la trahison de ceux qui la gouvernent.

VI.

On voit combien seraient coupables les ambitieux qui, pour rester au pouvoir, ne craindraient pas de semer la corruption autour d'eux. Ce serait de leur part une trahison détestable, que l'on devrait punir des châtiments les plus sévères. En effet, ils affaiblissent, autant qu'il est en eux, ce qui fait la véritable, la seule force de l'État, je veux dire le courage et la vertu. Qu'attendre de celui qui sacrifie l'estime de soi-même à un avantage matériel? Il calcule, il ne se dévoue pas. Ne lui parlez ni de gloire ni de patrie, il ne saurait vous comprendre. Que lui importe l'indépendance! Pour sauver sa tête, il la courberait sous le joug de l'étranger. Le pays serait bientôt perdu, s'il n'avait pour le défendre que les favoris du pouvoir! Le peuple, le peuple seul, comme nous l'avons vu, est à la hauteur de cette noble mission.

L'histoire nous le montrerait encore se battant avec la même énergie pour défendre ses lois contre les attaques des tyrans. Lui seul est sur la brèche de la constitution menacée et la sauve, sans même être secouru par des hommes que leurs connaissances et leur position sociale semblaient désigner comme les premiers soutiens de la légalité, mais dont les uns se cachent éperdus, et les autres flottent indécis, suivant les chances de la lutte, attendant l'issue du combat pour se fixer sur le parti qu'ils doivent suivre.

Ainsi, le plus grand obstacle à la tyrannie n'est point les lumières qui se trouvent concentrées dans quelques particuliers, mais celles qui sont répandues dans la masse entière de la population.

Et c'est parce que, dans tous les temps et dans toutes les circonstances, il est toujours prêt à se dévouer pour la patrie et pour les lois, que le peuple est digne de se gouverner lui-même. Oui, plus s'élevant par l'instruction, il pourra prendre part aux affaires publiques, plus il y aura de moralité dans l'État, de dignité dans les caractères, de franchise et de fermeté dans la politique, et plus la nation acquerra de grandeur.

VII.

Le gouvernement représentatif détruit dans son essence, dès qu'il n'est pas franchement pratiqué; nul particulier indispensable; la force matérielle et morale résidant uniquement dans la masse des citoyens; toute atteinte à la probité, dans le but de conserver le pouvoir constituant une trahison contre l'État, tels sont les faits précédemment posés.

Donner le change à l'opinion et la préoccuper fortement d'une chose pour parvenir indirectement à une autre ; exalter l'esprit public, réveiller les idées de gloire et les passions belliqueuses de la France, sans autre but que d'obtenir un vote parlementaire ; à l'occasion d'un crime individuel, semer sous main des bruits calomnieux, des insinuations perfides contre un adversaire qu'on voudrait écarter à l'approche des élections ; feindre des idées libérales qu'on ne partage point, se montrer favorable à des projets qu'on n'a pas l'intention d'appuyer, tous ces moyens peuvent être fort adroits, mais il faut les réserver pour les intrigues de comédie, et non pour le gouvernement d'un grand empire.

Tout cela est entièrement opposé à l'esprit du régime constitutionnel, qui ne saurait exister sans une marche franche et loyale.

Que si l'on devait assister au spectacle scandaleux de gens recherchant le pouvoir pour lui-même, sans être animés avant tout de l'amour de leur pays ; si la tribune, au lieu de servir à éclaircir les questions d'intérêt public, n'était qu'une arène où les ambitieux vulgaires viendraient se combattre en y apportant la souplesse de leur esprit, le système représentatif serait dévié de sa direction normale.

N'est-ce point en grande partie ce qui est arrivé jusqu'ici ? N'a-t-on pas vu des ministres monter à la tribune et l'occuper le plus longtemps possible, non pour jeter du jour sur une discussion, mais pour la traîner en longueur et remplir ainsi la durée d'une séance; d'autres, à force de clameurs et d'accusations violentes, renverser un ministère, conquérir des portefeuilles, et, une fois au pouvoir, suivre les mêmes errements qu'ils venaient de condamner! Au milieu de ce feu roulant de discours où l'on met toujours en avant l'honneur et le bien de la France, mais dont le fond est trop souvent l'ambition privée, le temps manque à la discussion des intérêts réels du pays. Il paraît même que l'adresse de gaspiller le temps d'une session, de l'occuper de banalités oiseuses, et de ne pas laisser à la Chambre la possibilité d'approndir les questions importantes, a été regardée par certains ministres comme une grande habileté.

D'un autre côté, la Chambre semble se complaire à écouter de beaux discours qui n'influent du reste en rien sur ses votes; elle applaudit, elle se lève avec enthousiasme, elle est électrisée. Voilà, dites-vous, une magnifique victoire remportée par cet orateur. Nullement, vous êtes dans l'erreur : après ce moment d'enthousiasme, la Chambre vote, et le résultat des suffrages est diamétralement contraire aux idées qu'elle vient d'applaudir. Ce n'est pas le député qu'elle écoutait, c'était le rhéteur; vous aviez cru assister aux débats d'une assemblée législative, vous étiez à une séance d'académiciens.

Mais viennent après cela les questions qui touchent aux sources mêmes de la prospérité du pays, qui demandent pour être développées le secours du raisonnement et du calcul, et non plus des phrases pompeuses et des gestes oratoires, une grande partie de la Chambre est distraite, n'écoute plus, et se livre au charme des conversations particulières.

Ceux à qui peuvent s'adresser de pareils reproches ont-ils bien compris la hauteur et la dignité des fonctions qu'ils avaient l'honneur de remplir ?

Les abus ne manqueraient pas, si l'on voulait les énumérer. L'un des plus frappants est celui de venir déclarer à la tribune qu'on n'a pas été fidèle à la loi, qu'on ne l'a pas exécutée, mais qu'on prend sur soi la responsabilité de sa violation. Il y aurait peut-être de la témérité à en agir ainsi, si la responsabilité des ministres n'était pas illusoire ; mais comme au fond elle n'existe pas, que ce n'est qu'un vain mot, vide de sens, tant qu'il n'y aura pas une loi pénale précise pour punir leurs prévarications, une pareille démarche vis-à-vis des Chambres n'est qu'une pure fanfaronnade.

Et cependant c'est une chose grave que l'inexécution d'une loi. Comment parvenir à inculquer le respect des lois dans les esprits, si ceux qui doivent l'exemple sont les premiers à les transgresser.

Quand un vaisseau se perd, le capitaine passe devant un conseil de guerre, et son honneur n'est lavé de tout reproche que par un jugement où l'on déclare qu'il a fait tout ce qui dépendait d'un bon et loyal marin pour sauver le navire. De même lorsqu'un ministre se permet de suspendre la loi, sous prétexte de maintenir l'ordre, il faudrait, dans ce naufrage moral de la légalité, qu'un jugement formel déclarât qu'il a fait tout ce qui dépend d'un bon et loyal ministre pour ne pas en venir à cette grande extrémité. Encore serait-ce là un pouvoir exorbitant laissé au ministre et contraire à la charte de 1830, qui effaça l'article 14, et mit à sa place ces paroles expresses : « Le roi ne peut dispenser de l'exécution des lois. »

Mais tant qu'il n'a point passé devant ses véritables juges, qu'il n'a pas été soumis à une poursuite régulière, le violateur de la loi reste sous le coup d'une prévention fâcheuse.

Néanmoins, à braver ouvertement la loi, il y a encore quelque courage, celui d'attaquer un ennemi de front et à la face du soleil. On peut alors juger de la portée de l'attaque et chercher à s'en garantir ; on peut, à l'extrémité, trouver des armes dans la Charte, qui confie sa défense au courage de tous les citoyens. Mais chez le misérable qui use de la fraude pour miner sourdement la constitution, il n'y a que bassesse et lâcheté ! C'est l'assassin qui se cache dans l'ombre pour frapper sans péril ; c'est l'empoisonneur qui s'insinue dans la confiance d'un autre pour attenter sans risque à sa vie, qui, sous le voile de l'amitié, le tue lentement et par degrés, pour ne pas éveiller de soupçons; entoure sa victime de paroles de consolation et d'espérance, lorsqu'elle se débat contre les angoisses de la douleur, et lui verse la mort!

Spectacle horrible! dernier terme de la perversité humaine! Aussi Dante plonge-t-il la fausseté dans les derniers cercles de l'enfer.

Comment éviter ces coups funestes? Il arrive alors que les effets en sont produits, les forces détruites, et les moyens de préservation anéantis, lorsqu'on vient à s'apercevoir des progrès du mal.

Les vices que j'ai signalés viennent des hommes et non point de la constitution. Ils sont le résultat, les uns de l'indifférence et de la légèreté, les autres d'un égoïsme odieux, joint au mépris de ce qu'il y a de sacré parmi les hommes.

VIII.

Mais, qu'ils doivent être attribués à des erreurs involontaires ou à des passions coupables, il ne faut pas moins chercher à se prémunir contre eux.

La condition fondamentale est d'avoir de bonnes élections : elles seront telles, si les électeurs, en donnant leurs votes, ne sont mûs que par le bien général; et ils n'auront pas d'autre mobile, s'ils ne sont point soumis à une influence personnelle de crainte ou d'intérêt. C'est donc à écarter ces influences que l'on doit d'abord s'attacher.

Dans l'état actuel des choses, le gouvernement tenant dans ses mains la source des grâces et des faveurs, si les hommes qui le composent ne sont point touchés par les motifs exposés plus haut ; s'ils peuvent, par l'intrigue, écarter ou faire nommer un député, tout est en danger, et je ne connais aucun moyen, à la fois légal et pacifique, de rentrer dans les voies de la justice. Il faut alors se résigner et attendre que le monarque détrompé choisisse de plus dignes ministres.

Le gouvernement représentatif ne peut mériter ce nom qu'autant que les ministres sont d'honnêtes gens. C'est un grand inconvénient attaché, non pas à sa nature, mais à la manière dont il est installé chez nous, d'avoir besoin d'orateurs pour remplir un poste où il faudrait surtout des hommes probes et habiles dans le maniement des affaires. On a donné une trop grande place à l'art oratoire ; on a fait de la tribune une espèce de théâtre, dont l'appareil intimide plusieurs députés qui n'y montent jamais. L'usage suivi en Angleterre, de parler de sa place, est bien préférable. Des faits, des raisonnements et des chiffres, voilà ce qui convient aux discussions politiques. Tout le monde y gagnerait, si l'on cherchait moins à faire preuve d'éloquence qu'à exprimer ses idées avec clarté et précision. Les grands discours font perdre du temps et ne persuadent personne.

Supposons les élections faites loyalement et conformes à la volonté générale des électeurs, la Chambre, pour préluder à ses travaux, proscrira l'étalage de tribune. Une autre disposition de la salle deviendra peut-être nécessaire, afin que chaque orateur, parlant de sa place, puisse être facilement entendu. La nouvelle scène sera moins brillante peut-être, mais plus solide sans aucun doute, plus utile, puisque l'avis de chacun pourra s'y faire entendre, et plus démocratique, puisqu'elle sera abordable à tout le monde.

Après avoir ainsi préparé la carrière, les députés retireront au gouvernement une arme qui deviendrait dangereuse dans des mains impures : ils diminueront, autant qu'il est en eux, la source de l'arbitraire ; ils chercheront à entourer les élections de toutes les garanties qui peuvent en assurer la sincérité.

Le rapport entre le nombre des représentants et celui des citoyens est bien petit, et par conséquent le nombre de voix formant la volonté générale fictive n'est qu'une très-faible portion du nombre de voix qui constitueraient la volonté générale réelle. La représentation serait parfaite, si ces deux volontés étaient identiques ; mais plus le rapport diminue, moins l'identité est probable. Cherchons du moins à éloigner les autres causes de différence.

Le bien public doit être l'objet constant du législateur. Travaillant pour une nation, nulle considération particulière ne le détermine ; il adopte une loi ou la rejette, parce qu'il la juge utile ou mauvaise, mais non pour soutenir ou pour renverser un ministère. Se grouper en partis dans la Chambre, avec l'intention prise d'obéir à l'impulsion d'un chef, c'est renoncer d'avance à la qualité de représentant.

Ne devant statuer que sur des objets d'intérêt général, le législateur n'est pas apte à prononcer sur des questions où son intérêt particulier se trouverait mêlé.

Si l'espérance ou la crainte pouvait se glisser dans son âme, ses jugements n'étant plus guidés uniquement par l'intérêt général, il perdrait le caractère de législateur.

Le député doit être à l'abri de toute influence. La crainte de perdre une place, l'espoir d'en obtenir ou d'avoir de l'avancement, en un mot, les disgrâces et les faveurs ne sauraient parvenir jusqu'à lui.

La Chambre apportera la plus grande sollicitude à fixer les limites dans lesquelles ces conditions peuvent être remplies.

On augmenterait les garanties d'indépendance en attachant un traitement aux fonctions de député.

Cette mesure aurait d'autres conséquences utiles, d'abord de permettre à des hommes de mérite, mais sans fortune, de consacrer leurs talents aux travaux parlementaires, et puis d'offrir une plus grande latitude au choix des électeurs. Dans plusieurs départements le nombre des éligibles est souvent très-borné; ceux dont la probité et le savoir mériteraient de fixer les suffrages ne peuvent y prétendre, faute de payer l'impôt exigé; d'autres, remplissant les prescriptions légales, se refusent au vœu des électeurs parce qu'il faudrait abandonner le soin de leurs affaires, sans aucune compensation pécuniaire. Il arrive alors que l'on nomme pour représenter le pays un étranger à peine connu, qui n'y revient qu'à de longs intervalles, à l'époque des élections, et disparaît aussitôt qu'elles sont terminées. Cependant, à défaut du concours de la totalité des citoyens, il est nécessaire que leurs délégués soient imbus des idées qu'ils ont eux-mêmes, et pénétrés des mêmes principes; il faut qu'ils connaissent parfaitement les intérêts, les besoins, les productions, et tout ce qui est relatif à l'industrie et au commerce de la contrée qui les députe, afin d'approcher autant que possible de cette identité de volonté dont il est parlé plus haut. Ce n'est qu'en résidant au milieu de leurs commettants dans l'intervalle des sessions qu'ils peuvent y parvenir; sans cela, il est à craindre qu'au lieu d'être les représentants du pays, ils ne le soient uniquement de certains particuliers qui les approchent plus intimement [1].

[1] Voir la note à la fin de la brochure.

Si j'ai flétri les menées des agents du pouvoir tendant à fausser les élections, les intrigues des particuliers pour le même objet ne sont pas moins condamnables. A coup sûr, l'homme qui, par des offres d'argent, par les promesses d'un avantage particulier, ou par un moyen quelconque de séduction ou d'intimidation, cherche à capter les suffrages, est indigne de les obtenir.

Des lois sévères devraient le frapper.

Quant à ces ignobles courtiers d'élections qui se font les entremetteurs de honteux marchés, et dont le zèle va quelquefois jusqu'à la violence matérielle, ils ne sauraient être trop rigoureusement punis. On préviendrait par là le retour de ces infamies dont le spectacle soulève le dégoût.

La loi divise les citoyens en deux catégories : elle place dans l'une ceux qui sont habiles à voter, et dans l'autre ceux en qui elle ne reconnaît pas cette aptitude.

La distinction établie sur l'impôt a eu pour but de prendre les électeurs parmi les citoyens qui, par leur fortune, pouvaient atteindre à une instruction plus libérale, et se trouvaient en même temps les plus intéressés au maintien de l'ordre.

Il est incroyable que, voulant atteindre ce résultat, on n'ait pas exclu les gens qui ne savent même pas lire. Peut-on soutenir sérieusement qu'il a l'instruction nécessaire pour voter, celui qui est obligé de recourir à la main d'un autre pour donner son vote ? En supprimant cet abus, on supprimerait aussi la cause de scandales qui ont retenti jusque dans les cours d'assises.

IX.

Voilà les principales choses à faire pour avoir en réalité le gouvernement représentatif.

Cela suppose dans ceux qui sont à la tête des affaires le désir sincère de chercher avant tout le bien du pays; s'il en est autrement, je l'ai déjà dit, les abus, les priviléges, les rapines, les scandales de toute espèce, désorganiseraient bientôt le corps social.

L'opportunité des mesures qui peuvent seules arrêter le torrent ne sera pas contestée par les partisans du régime constitutionnel. Mais il y a des personnes que tout changement effarouche. Le calme d'un peuple écrasé n'est pas du bonheur, il est vrai, mais c'est du calme; cela leur suffit. Satisfaites de leur repos, douées des dons de la fortune, le poids des impôts est léger pour elles; la crainte de voir déranger leur vie tranquille est leur unique préoccupation. Un peu d'agitation donne, il est vrai, du ressort aux âmes; elle est même nécessaire à la liberté, et celle-ci est plus nécessaire que la paix à la prospérité des États. Mais la liberté les touche peu;

toute agitation à leurs yeux est un péril, et la prospérité de l'État n'est rien à côté de leur fortune particulière, dont elles appréhendent sans cesse de voir renverser l'édifice.

Le sentiment de la crainte a eu tant d'empire sur la marche des affaires depuis 1830, qu'il n'est pas inutile de rassurer les esprits sur les résultats des modifications indiquées.

Le temps est-il venu où l'on puisse les accomplir en toute sécurité?

Autant vaudrait demander s'il est opportun de s'opposer aux progrès de la maladie avant que le corps soit tombé en dissolution, ou si l'on doit arrêter un char sur le penchant d'un abîme pour l'empêcher de s'y précipiter.

La première question est du même genre que les deux autres, et l'on trouvera étrange de me voir l'approfondir.

N'importe : il est des aveugles; essayons de les éclairer.

X.

A la révolution de Juillet, Lafayette rappelait que la devise de toute sa vie avait été : « Ordre et li-« berté. » Ces mots furent inscrits sur le drapeau national.

Depuis dix-sept ans on n'a pas cessé d'accumuler

les garanties de l'ordre. Jamais gouvernement ne se vit armé d'autant de moyens pour l'assurer. Quel peuple en Europe pourrait se soustraire au joug de la France, si la France pesait sur lui avec une armée de quatre cent mille hommes et des impôts de quinze cents millions? Eh bien! on n'a pas à contenir un pays ennemi, frémissant de colère sous ses dominateurs et brûlant de se venger. Non; c'est au prince même élu en son nom que la France confie ces forces imposantes; ce sont des gages de calme et de puissance déposés par elle dans les mains de son mandataire.

Les citadelles menaçantes élevées autour de Paris sont encore, dans les mains du gouvernement, un surcroît de sécurité. Et ici, qu'on me permette de le dire, les adversaires des forts détachés, en portant la polémique sur la possibilité de lancer des bombes sur Paris, possibilité contestée par les partisans du projet, ont égaré la discussion. En effet, une fois les forteresses armées et pourvues de garnisons, si l'on avait la volonté de rapprocher le tir des bouches à feu contre un des points de la place, rien n'empêcherait de faire ce qui se fait dans les siéges, c'est-à-dire de construire des batteries en avant des forteresses vis-à-vis des points qu'on voudrait attaquer. Ces batteries se font en quelques heures; elles seraient facilement armées, puisqu'on aurait sous la main les matériaux et les pièces nécessaires; elles seraient sous la protection du canon même des forts. Leurs coups deviendraient d'autant plus inévitables, que le matériel destiné à l'armement de Paris n'étant pas renfermé dans ses murs, cette ville serait privée des moyens indispensables à la défense des places, et n'aurait d'ailleurs à opposer aux attaques que des troupes inexpérimentées.

Au reste, pourquoi ces préoccupations? Les ministres ont protesté, et on doit les en croire, contre l'idée d'incendier la capitale du royaume; et, quel que soit l'avenir, espérons qu'aucun de leurs successeurs ne sera animé de sentiments contraires. Ce n'est donc point sous ce rapport que l'utilité des forts peut être appréciée. Mais tant d'établissements militaires autour de Paris exigeront une armée permanente, et de nombreux bataillons seront toujours à la disposition du gouvernement. Que si des événements que nous ne prévoyons pas, et Dieu veuille les écarter, armaient encore le peuple contre le soldat, celui-ci trouverait un asile dans les forteresses, et, on peut le dire, un asile inexpugnable. Là, entourant de toutes parts l'insurrection, à l'abri de ses coups, on couperait les communications de la capitale avec les provinces, ou du moins on rendrait, à l'aide des feux de l'artillerie, ces communications extrêmement difficiles. Il n'est pas de la nature de l'insurrection de durer longtemps, surtout dans une ville où il est si facile de semer la défiance, et dont les familles appartenant aux classes riches ou commerçantes appelleraient de tous leurs vœux le rétablissement de l'autorité. Séparée de la province, elle verrait ses marchés se dégarnir, ses approvisionnements s'épuiser, et bientôt elle serait réduite à capituler.

Voilà sous quel rapport les forts détachés sont une immense garantie d'ordre.

XI.

Eh bien! la nation qui depuis dix-sept ans prodigue ses enfants et ses trésors pour assurer la stabilité de son gouvernement, qui n'a cessé d'accumuler dans ce but les sacrifices de toute espèce, ceux-mêmes qui lui répugnaient le plus, cette nation a donné assez de preuves de son amour de l'ordre pour que l'on puisse sans crainte s'occuper de sa liberté. Par ce mot de liberté, j'entends le développement naturel de sa volonté exprimée par des lois, lorsqu'il n'est entravé par aucun obstacle.

Quel moment fut jamais plus propice pour accomplir un devoir aussi sacré?

D'après nos relations avec toutes les puissances étrangères, la paix du monde semble assurée. La prospérité du pays s'accroît de jour en jour : à peine affectée par la crise passagère qui a pesé si rudement sur d'autres États de l'Europe, elle a bientôt repris son cours.

Tel est le tableau consolant que le discours de la couronne expose aux yeux de la France.

L'effervescence, suite inévitable d'une révolution, est calmée depuis longtemps.

Profitons de ces instants de repos et de prospérité pour perfectionner nos institutions politiques, leur donner une sanction efficace, réaliser enfin les promesses de la Charte, et faire qu'elle soit en effet une vérité.

La Charte de 1830 avait prescrit de faire dans le plus court délai possible une loi sur la responsabilité des ministres et des agents du pouvoir; dix-sept ans se sont écoulés, et elle n'existe pas encore : le temps est venu de la créer.

Pour protéger la source du pouvoir électif contre le poison qui pourrait l'infecter, cette loi devra déployer toutes ses rigueurs contre la corruption; la corruption, ce mal terrible qui, de l'organe de la liberté, fait l'instrument de la servitude.

Cette loi sera le complément des mesures indiquées plus haut pour atteindre à la vérité de la représentation nationale.

Que tel ou tel ministre, dans un but personnel, berce de fausses espérances l'esprit crédule de ses partisans et leur promette un progrès qui n'est pas dans ses intentions, ceux qu'il a trompés peuvent s'en venger par le mépris ; mais le public n'a pas à s'inquiéter de ces intrigues. Ici, c'est au nom de la Charte que l'on réclame une loi qui doit en être le bouclier, et qui est destinée à la couvrir tout entière.

La Charte défend de suspendre les lois : n'est-ce point les suspendre que de laisser dix-sept ans sans l'accomplir une prescription qui devait l'être dans le plus court délai possible ?

Cette longue patience à attendre la réalisation de l'une des conquêtes de 1830 peut étonner quelques esprits, mais ne doit tromper personne.

L'attente se divise en deux périodes bien distinctes : dans la première, on espère, on se confie et l'on se résigne à des sacrifices momentanés, comptant en obtenir plus tard la compensation ; la seconde période est toute de défiance ; l'espoir est entièrement perdu, le manque de foi avéré, et le ressentiment d'autant plus profond que l'illusion a été plus grande et les sacrifices plus pénibles. L'on n'attend plus alors qu'un événement nouveau, inconnu, qui permette de se donner de ses propres mains les droits refusés par un aveuglement insensé. Le temps le plus favorable, pour compléter les bases de notre législation, est celui où règne l'heureuse confiance de la première période et pendant que l'harmonie n'en est pas encore troublée.

Il faut choisir entre la Charte ou son rejet, entre

la constitution ou son renversement, entre le parti d'exécuter les lois et le parti de les violer.

Mais, je dois le redire, en vain aura-t-on formé la constitution la plus sage ; en vain l'aura-t-on entourée de toutes les précautions que la prudence humaine est capable de suggérer ; si elle est telle que la première place y soit assignée, non pas à la probité et au talent, mais à l'homme adroit et disert, tout ce que l'on a fait est inutile.

On serait toujours exposé à avoir pour ministres des intrigants sans moralité.

Dans l'étrange opinion de quelques personnes, la politique ne doit point s'astreindre aux règles de la morale, et par suite les hommes d'État ne seraient pas retenus par les principes d'honneur et de vertu que la société respecte. Cette idée est aussi fausse que ridicule : venue à l'esprit d'un homme sans mœurs dont elle servait l'intérêt, elle a été exploitée par ceux qui voulaient couvrir sous le voile de la politique l'infamie de leur conduite.

Qui ne voit, en effet, que de l'impulsion du moteur principal dépend la direction que vont prendre tous les rouages inférieurs? L'exemple placé au sommet de l'échelle sera reproduit de proche en proche dans les autres degrés. D'ailleurs il y a solidarité entre les malhonnêtes gens à tous les rangs de la hiérarchie. Leur improbité leur sert de garantie réciproque; ils craignent moins d'être livrés les uns par les autres : c'est l'accord tacite entre des brigands.

Peut-être même iraient-ils, prévoyant les revers de la fortune, jusqu'à se ménager un appui dans les tribunaux supérieurs, en mettant des hommes aussi corrompus qu'eux au rang des premiers magistrats. Les lois ne seraient qu'un frein impuissant; car il est impossible d'en faire dont les passions des hommes ne parviennent à abuser.

Pour moi, fermement attaché à ma patrie, j'ai voulu présenter à l'attention des honnêtes gens les moyens que j'ai crus le plus propres à sauver ses lois, ses mœurs et son honneur. Consolider par des moyens légaux les principes de nos deux immortelles révolutions, en continuer le développement pacifique, ranimer les espérances de quelques esprits, dissiper les inquiétudes des autres, tel est l'objet de mes vœux.

Heureux si mes efforts ne sont pas entièrement inutiles.

NOTE.

L'expression de la volonté nationale peut être faussée dans deux degrés différents : d'abord dans son principe même en s'attaquant aux électeurs ; secondement, dans ses résultats en s'attaquant aux députés. Les moyens indiqués pour mettre les élections à l'abri de l'action corruptrice, sont : 1° d'avoir des ministres probes, et par suite de se mettre dans des conditions suffisantes pour les avoir tels ; 2° de diminuer la source de l'arbitraire ; 3° de faire à cet égard des lois spéciales et sévères ; 4° de créer enfin une loi sur la responsabilité des agents du pouvoir.

Aux mesures déjà citées pour combattre les tentatives qui seraient dirigées contre la conscience des députés, on peut en ajouter une qui ne serait pas la moins utile ; c'est d'obliger les députés à rendre compte de leur vote à leurs électeurs dans l'intervalle des sessions. On verrait par là s'ils ont marché dans la voie qu'ils avaient promis de suivre, s'ils ont su résister aux influences séductrices dont on les entoure ; enfin s'ils ont bien ou mal rempli leur mandat. C'est un motif de plus pour rendre désirable leur présence au siége de leur élection, au moins pendant une partie des vacances des Chambres. Si la loi rendait obligatoires les éclaircissements entre les députés et les électeurs, la morale y trouverait une garantie efficace. En effet, d'une part le désir d'obtenir l'applaudissement de leurs concitoyens, et de l'autre la crainte d'encourir leur blâme dans des rapports aussi directs, seraient un aiguillon puissant pour les exciter à bien faire.

Tel résultat du scrutin serait peut-être tout différent, si chacun devait expliquer les raisons pour lesquelles il a opiné dans un sens ou dans un autre.

Toute parole prononcée, tout vote donné à la chambre, les députés en doivent compte à ceux dont ils tiennent le pouvoir ; et ce pouvoir suprême dont ils sont armés, quel frein plus juste et plus salutaire peut-il recevoir que le contrôle de ceux dont il émane.

www.ingramcontent.com/pod-product-compliance
Lightning Source LLC
LaVergne TN
LVHW010107230826
846091LV00005B/2134

* 9 7 8 2 0 1 2 3 9 3 8 9 9 *